T0071015

DIDO & ÆNEAS

HENRY PURCELL

Libretto by/*Libretto von*
Nahum Tate

Edited by/*Herausgegeben von*
Edward J. Dent

Revised Edition by/*Revidierte Ausgabe von*
Ellen T. Harris

German translation by/*Deutsche Übersetzung von*
A. Meyer

CHORUS SCORE / *CHORPARTITUR*

The complete vocal score and the full score are also on sale
Die Partitur und vollständige Klavierpartitur sind ebenfalls käuflich erhältlich

DIDO AND AENEAS

Nahum Tate
(1652–1712)

edited by Edward J. Dent and Ellen T. Harris

Henry Purcell
(1659–1695)

Chorus Score

Edition by Edward J. Dent: Copyright 1925 by the Oxford University Press, London. Renewed in U.S.A. 1953.
New, revised edition by Ellen T. Harris: © Oxford University Press 1987

OXFORD UNIVERSITY PRESS, MUSIC DEPARTMENT, GREAT CLARENDON STREET, OXFORD OX2 6DP

Photocopying this copyright material is ILLEGAL.

10
- proach the fair, grief should ne'er ap - proach the fair.
Sei be - freit, Schön - heit sei da - von be - freit.
- proach the fair, grief should ne'er, should ne'er ap - proach the fair.
- von be - freit, Schönheit sei da - von, da - von be-freit.
8
- proach the fair, grief should ne'er, should ne'er ap - proach the fair.
- von be - freit, Schönheit sei da - von, da - von be-freit.
- proach the fair, grief should ne'er ap - proach the fair.
- von be-freit, Schön - heit sei da - von be-freit.
3
Slow
DIDO
Ah, ah, ah! Be - lin - da, I am
Ah, ah, ah! Be - lin - da, mei - ne

5
CHORUS
11
BELINDA
bless-ing Fate can give, Our Car-thage to se-cure, and Troy re-vive. When
Glück Ge-schick uns lenkt, Kartha-go gleich wie Tro-ja neu ge-schenkt. Wenn
mon-archs u-nite, how hap-py their state, They tri-umph at once o'er their
Herr-scher ver-eint, wie gross ist ihr Glück, Sie la-chen zu-gleich ü-ber
7
foes and their fate, they triumph, they tri-umph at once o'er their foes and their fate.
Feind und Ge-schick, sie la-chen, sie la-chen zu-gleich ü-ber Feind und Ge-schick.

BELINDA & SECOND WOMAN
33
Fear no dan - ger to en - sue, The he - ro loves as well as you.
Fürcht' nicht, dass Ge - fahr er - schien, Dein Held liebt Dich so wie Du ihn.
8
CHORUS
[f-p]
Fear no dan - ger to en - sue, The he - ro loves as well as you.
Fürcht' nicht, dass Ge - fahr er - schien, Dein Held liebt Dich so wie Du ihn.
[f-p]
[1st time for.]
2nd time pia.
[f-p]
9
[p]
S. 1. 2.
Ev - er gen - tle, ev - er smil - ing, And the cares of life be - guil - ing,
Vol - ler Froh - sinn, im-mer hei - ter, Kümmern Sor - gen ihn nicht wei - ter,
A.
[p]
pia.

Dance this Cho[rus]. The Baske.
Tanzen während des Gesangs. Baskische Tanz.

AENEAS:
Let Di - do smile, and I'll de - fy, The fee - ble stroke of Des - ti - ny.
Wenn Di - do lacht, bin ich ge - feit Vor schwach - en Schick - sals Schlag und Leid.
10
CHORUS
Cu - pid on - ly throws the dart, That's dread - ful, dread - ful, dread - ful,
A - mor ein - zig wirft den Pfeil, Der töd - lich, töd - lich, töd - lich,
Cu - pid on - ly throws the dart, That's dread - ful, dread - ful,
A - mor ein - zig wirft den Pfeil, Der töd - lich, töd - lich,
Cu - pid on - ly throws the dart,
A - mor ein - zig wirft den Pfeil,
Cu - pid on - ly
A - mor ein - zig
5
Cu - pid on - ly throws the dart, That's dread - ful to a war - rior's heart, that's
A - mor ein - zig wirft den Pfeil, Der töd - lich für des Krieg - ers Heil, der
dread - ful, Cu - pid on - ly throws the dart, on - ly throws the dart, That's
töd - lich, A - mor ein - zig wirft den Pfeil, ein - zig wirft den Pfeil, Der
Cu - pid on - ly throws the dart, That's
A - mor ein - zig wirft den Pfeil, Der
throws the dart, That's dread - ful, dread - ful, Cu - pid on - ly throws the dart, That's
wirft den Pfeil, Der töd - lich, töd - lich, A - mor ein - zig wirft den Pfeil, Der

9
dread - ful to a war - rior's heart. And she that wounds, and she that wounds can
töd - lich für des Krieg - ers Heil. Und nur die Lieb', und nur die Lieb', nur
dread - ful to a war - rior's heart. And she that wounds, and she that wounds can
töd - lich für des Krieg - ers Heil. Und nur die Lieb', und nur die Lieb', nur
dread - ful to a war - rior's heart. And she that wounds, and she that wounds can
töd - lich für des Krieg - ers Heil. Und nur die Lieb', und nur die Lieb', nur
dread - ful to a war - rior's heart. And she that wounds, and she that wounds can
töd - lich für des Krieg - ers Heil. Und nur die Lieb', und nur die Lieb', nur

13
on - ly, on - ly cure the smart, can on - ly, on - ly cure the smart.
Sie kann trös - ten mich in Eil', nur Sie kann trös - ten mich in Eil'.
on - ly, on - ly cure the smart, can on - ly, on - ly cure the smart.
Sie kann trös - ten mich in Eil', nur Sie kann trös - ten mich in Eil'.
on - ly, on - ly cure the smart, can on - ly, on - ly cure the smart.
Sie kann trös - ten mich in Eil', nur Sie kann trös - ten mich in Eil'.
on - ly, on - ly cure the smart, can on - ly, on - ly cure the smart.
Sie kann trös - ten mich in Eil', nur Sie kann trös - ten mich in Eil'.

13 A Dance Gittars Chacony
Gitarrentanz (Chaconne)

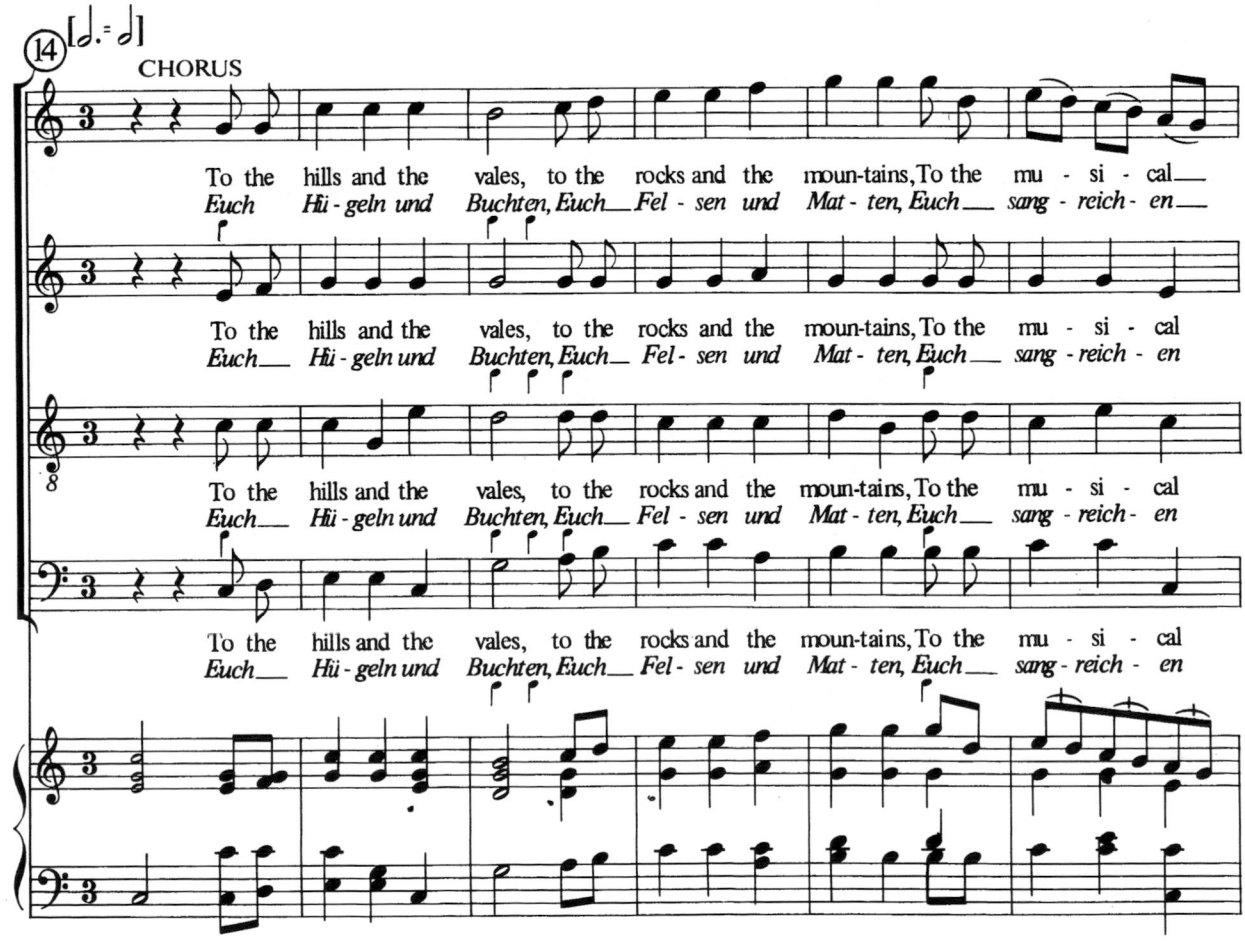

7
groves, and the cool sha - dy foun - tains, Let the tri - - - umphs, let the
Schluchten, Euch Quel - len im Schat - ten, Sei die Freu - - - de, sei die
groves, and the cool sha - dy foun - tains, Let the tri - umphs, the tri - -
Schluchten, Euch Quel - len im Schat - ten, Sei die Freu - de, die Freu - -
groves, and the cool sha - dy foun - tains, Let the tri - - - umphs, let the
Schluchten, Euch Quel - len im Schat - ten, Sei die Freu - - - de, sei die
groves, and the cool sha - dy foun - tains, Let the tri - umphs, let the tri - umphs, the
Schluchten, Euch Quel - len im Schat - ten, Sei die Freu - de, sei die Freu - de, die
12
tri - - - umphs of Love and of Beau - ty be shown.
Freu - - - de an Lie - be und Schön-heit ge - zeigt.
- umphs, the tri-umphs of Love and of Beau - ty be shown.
- de, die Freu - de an Lie - be und Schön- heit ge - zeigt.
tri - umphs, the tri-umphs of Love and of Beau - ty be - shown.
Freu - de, die Freu - de an Lie - be und Schön- heit ge - zeigt.
tri - - - umphs of Love and of Beau - ty be - shown.
Freu - - - de an Lie - be und Schön-heit ge - zeigt.

18
Let the tri - - - umphs, let the
Sei die Freu - - - de, sei die
Let the tri - umphs, the tri - -
Sei die Freu - de, die Freu - -
Let the tri - - - umphs, let the
Sei die Freu - - - de, sei die
Let the tri - umphs, let the tri - umphs, the
Sei die Freu - de, sei die Freu - de, die
23
tri - - - umphs of Love and of Beau - ty be shown. To the hills and the
Freu - - - de an Lie - be und Schönheit ge - zeigt. Euch Hü - geln und
- umphs, the tri - umphs of Love and of Beau - ty be shown. To the hills and the
- de, die Freu - de an Lie - be und Schönheit ge - zeigt. Euch Hü - geln und
tri - umphs, the tri - umphs of Love and of Beau - ty be shown. To the hills and the
Freu - de, die Freu - de an Lie - be und Schönheit ge - zeigt. Euch Hü - geln und
tri - - - umphs of Love and of Beau - ty be shown. To the hills and the
Freu - - - de an Lie - be und Schönheit ge - zeigt. Euch Hü - geln und

29
vales, to the rocks and the moun-tains, To the mu - si - cal groves, and the cool sha - dy
Buchten, Euch Fel - sen und Mat - ten, Euch sang - reich - en Schluchten, Euch Quel - len im
vales, to the rocks and the moun-tains, To the mu - si - cal groves, and the cool sha - dy
Buchten, Euch Fel - sen und Mat - ten, Euch sang - reich - en Schluchten, Euch Quel - len im
vales, to the rocks and the moun-tains, To the mu - si - cal groves, and the cool sha - dy
Buchten, Euch Fel - sen und Mat - ten, Euch sang - reich - en Schluchten, Euch Quel - len im
vales, to the rocks and the moun-tains, To the mu - si - cal groves, and the cool sha - dy
Buchten, Euch Fel - sen und Mat - ten, Euch sang - reich - en Schluchten, Euch Quel - len im

35
foun - tains, Let the tri - - - umphs, let the tri - - - umphs of
Schat - ten, Sei die Freu - - - de, sei die Freu - - - de an
foun - tains, Let the tri - umphs, the tri - - - umphs, the tri - umphs of
Schat - ten, Sei die Freu - de, die Freu - - - de, die Freu - de an
foun - tains, Let the tri - - - umphs, let the tri - umphs, the tri - umphs of
Schat - ten, Sei die Freu - - - de, sei die Freu - de, die Freu - de an
foun - tains, Let the tri - umphs, let the tri - umphs, the tri - - - umphs of
Schat - ten, Sei die Freu - de, sei die Freu - de, die Freu - - - de an

40
Love and of Beau - ty be shown. Go re - vel, ye Cu - pids, go
Lie - be und Schön-heit ge - zeigt. Nun schwärmt, A - mo - ret - ten, nun
Love and of Beau - ty be shown. Go re - vel, ye
Lie - be und Schön-heit ge - zeigt. Nun schwärmt, A - mo -
Love and of Beau - ty be shown. Go re - vel, ye Cu - pids, go re - vel, go
Lie - be und Schön-heit ge - zeigt. Nun schwärmt, A - mo - ret - ten, nun schwär - met, nun
Love and of Beau - ty be shown. Go re - vel, go re - vel, ye Cu - pids, go
Lie - be und Schön- heit ge - zeigt. Nun schwärmt, A - mo - ret - ten, nun schwär - met, nun

46
re - vel, go re - vel, ye Cu - pids, go re - vel, the day is your own.
schwär - met, nun schwärmt, A - mo - ret - ten, nun schwär - met, und bleibt uns ge - neigt.
Cu - pids, go re - vel, go re - vel, ye Cu - pids, the day is your own.
- ret - ten, nun schwär - met, nun schwärmt, A - mo - ret - ten, und bleibt uns ge - neigt.
re - vel, ye Cu - pids, go re - vel, ye Cu - pids, the day is your own.
schwärmt, A - mo - ret - ten, nun schwärmt, A - mo - ret - ten, und bleibt uns ge - neigt.
re - vel, go re - vel, go re - vel, ye Cu - pids, the day is your own.
schwär - met, nun schwär - met, nun schwärmt, A - mo - ret - ten, und bleibt uns ge - neigt.

29
SORCERESS
mis - chief shall make all Car - thage flame. Ap - pear, ap -
- bren - net die Stadt, Di - dos Kö - nig - tum Er-scheint, er -

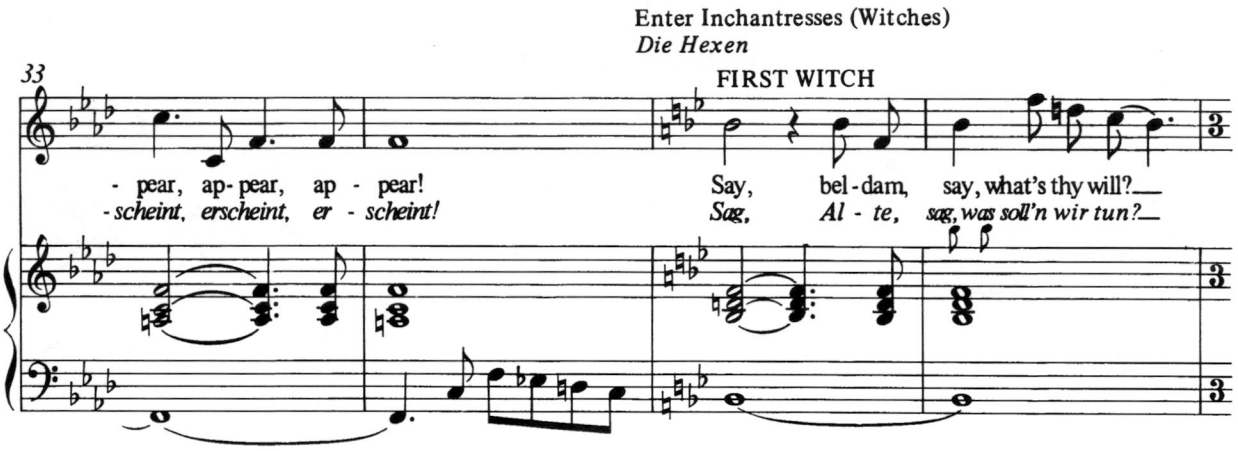
Enter Inchantresses (Witches)
Die Hexen
33
FIRST WITCH
- pear, ap - pear, ap - pear! Say, bel - dam, say, what's thy will?
- scheint, erscheint, er - scheint! Sag, Al - te, sag, was soll'n wir tun?

17
CHORUS
Harm's our de - light and mis - chief all our skill, harm's our de - light and
Tod un-ser Glück, kein Un - heil lässt uns ruhn, Tod un-ser Glück, kein
Harm's our de - light and mis - chief all our skill, harm's our de - light
Tod un-ser Glück, kein Un - heil lässt uns ruhn, Tod un-ser Glück,
8
Harm's our de - light and mis - chief all our skill, harm's our de - light and
Tod un-ser Glück, kein Un - heil lässt uns ruhn, Tod un-ser Glück, kein
Harm's our de - light and mis - chief all our skill, harm's our de - light
Tod un-ser Glück, kein Un - heil lässt uns ruhn, Tod un-ser Glück,

8
mis - chief all our skill, and mis - chief, mis - chief all our skill.
Un - heil lässt uns ruhn, kein Un - heil, Un - heil lässt uns ruhn.
and mis - chief all our skill, and mis - chief, mis - chief all our skill.
kein Un - heil lässt uns ruhn, kein Un - heil, Un - heil lässt uns ruhn.
mis - chief all our skill, and mis - chief, mis - chief, mis - chief all our skill.
Un - heil lässt uns ruhn, kein Un - heil, Un - heil, Un - heil lässt uns ruhn.
and mis - chief all our skill, and mis - chief all our skill.
kein Un - heil lässt uns ruhn, kein Un - heil lässt uns ruhn.

18
[𝅗𝅥 = 𝅗𝅥.]
SORCERESS
The Queen of Car - thage, whom we hate, As we do
Kar - tha - gos Her - rin, sehr ver - hasst, Wie al - le
4
(V.S.)
all in pros - p'rous state, Ere sun - set shall most
Fro - hen uns zur Last, Vor A - bend nichts ihr

7
wretch - ed prove, De-priv'd of fame, of life, and
ü - brig blieb, Zerstört ihr Ruhm, ihr Le - ben, ih - re
19
CHORUS
love. Ho ho ho ho ho ho ho ho ho ho ho ho ho ho ho
Lieb!
7
ho ho ho ho ho ho ho ho ho ho ho ho ho ho

12
ho ho ho ho ho ho ho ho ho ho ho ho!
20
[♩= ♩.]
FIRST WITCH
SECOND WITCH
Ru - in'd ere the set of sun? Tell us, tell us, tell us,
Heut'schon, eh' die Son - ne sinkt? Sag uns, sag uns, sag uns,

18
SORCERESS
- self, As sent from Jove shall chide his stay, And
- rennst, Von Zeus ge - sandt, triffst Du ihn dort, Und
20
charge him sail to-night with all his fleet a -
schickst ihn a - bends mit der gan - zen Flot - te
21
[♩.= ♩]
CHORUS
- way. Ho ho ho ho ho ho ho ho ho ho ho ho ho
fort.

6
ho ho ho ho ho ho ho ho ho ho ho ho ho ho ho
11
SECOND WITCH
ho ho ho ho ho ho ho ho ho ho ho ho ho ho ho!
But
Doch
Soft

FIRST & SECOND WITCHES
28
1.
2.
'em, drive 'em back to court. To court.
bet sie nach Hau - se fort. Ver - fort.
'em, drive 'em back to court. court.
bet sie nach Hau - se fort. fort.
23
CHORUS (in a Manner of an Echo)
[Loud]
(wie ein Echo)
Soft
Loud
Soft
Loud
In our deep vault-ed cell, - ed cell, the charm we'll pre - pare, pre - pare, Too
In der heim - li - chen Gruft, -chen Gruft, das Werk sei voll - bracht, voll - bracht, Zu
[Loud]
Soft
Loud
Soft
Loud
[Loud]
Soft
Loud
Soft
Loud
7
Soft
Loud
Soft
dread - ful a prac - tice, too dread - ful a prac - tice, too dread - ful, too
schreck - lich vol - len - den, zu schreck - lich vol - len - den, zu schreck - lich, zu
Soft
Loud
Soft
Soft
Loud
Soft

12
Loud
Soft
Loud
Soft
dread - ful, a prac - tice, a prac - tice, for this o - pen air, for
schreck - lich, vol - len - den, vol - len - den, für son - ni - ge Luft, für
Loud
Soft
Loud
Soft
Loud
Soft
Loud
Soft
17
Loud
Soft
Loud
this o - pen air. In our deep vault - ed cell, - ed cell, the
son - ni - ge Luft. In der heim - lich - en Gruft, - chen Gruft, das
Loud
Soft
Loud
Loud
Soft
Loud
22
Soft
Loud
Soft
charm we'll pre - pare, pre - pare, Too dread - ful a prac - tice, too dread - ful a
Werk sei voll - bracht, voll - bracht, Zu schrecklich vol - len - den, zu schrecklich vol -
Soft
Loud
Soft
Soft
Loud
Soft

Eccho Dance. Inchantresses and Fairies
Echotanz. Hexen und Feen

(Echo Dance of Furies)
(Echotanz der Furien)

BELINDA:
- a - na's self might to these woods re - sort. - sort.
- a - na selbst hat wohl hier ihr Be - reich. - reich.
27
CHORUS
Thanks to these lone - some, lone-some vales, These de - sert, de - sert
Dank Dir, Du Ein-sam - keit, Ein - sam - keit, Tä - ler und Hü - gel ver -
Thanks to these lone - some, lone-some vales, These de - sert, de - sert
Dank Dir, Du Einsam - keit, Ein - sam - keit, Tä - ler und Hü - gel ver -
Thanks to these lone - some, lone-some vales, These de - sert, de - sert
Dank Dir, Du Ein - sam - keit, Ein - sam - keit, Tä - ler und Hü - gel ver -
Thanks to these lone - some, lone-some vales, These de - sert, de - sert
Dank Dir, Du Ein - sam - keit, Ein - sam - keit, Tä - ler und Hü-gel ver -
hills and dales. So fair the game, so rich the sport, Di -
- las - sen so weit. So schön die Jagd, Beu - te zu - gleich, Di -
hills and dales. So fair the game, so rich the
- las - sen so weit. So schön die Jagd, Beu - te zu -
hills and dales. So fair the game, so rich the sport, Di -
- las - sen so weit. So schön die Jagd, Beu - te zu - gleich, Di -
hills and dales. So fair the game, so rich the
- las - sen so weit. So schön die Jagd, Beu - te zu -

(28) Gitter ground a Dance

Gitarrentanz. (Chaconne).

[31]
7
DIDO
the storm can yield, Haste, haste, haste, haste to town, haste, haste to town, haste, haste,
gegen Sturm ent-hält. Schnell, schnell, schnell, schnell zur Stadt, schnell, schnell zur Stadt, schnell, schnell,
10
CHORUS
Exit [DIDO]
haste, haste, haste, haste to town.
schnell, schnell, schnell, schnell zur Stadt.
Haste, haste to town, haste,
Schnell, schnell zur Stadt, schnell,
Haste, haste to town, haste, haste to town,
Schnell, schnell zur Stadt, schnell, schnell zur Stadt,
Haste, haste to town, haste,
Schnell, schnell zur Stadt, schnell,
Haste, haste to
Schnell, schnell zur

13
haste, haste, haste, haste to town, haste, haste, haste,
schnell, schnell, schnell, schnell zur Stadt, schnell, schnell, schnell,
haste, haste to town, haste, haste, haste, haste to town, haste,
schnell, schnell zur Stadt, schnell, schnell, schnell, schnell zur Stadt, schnell,
haste, haste, haste, haste to town, haste,
schnell, schnell, schnell, schnell zur Stadt, schnell,
town, haste, haste, haste, haste, haste to town,
Stadt, schnell, schnell, schnell, schnell, schnell zur Stadt,

15
haste, this o - pen field, No shel - ter, this o - pen field, no
schnell, das off - 'ne Feld Kein Schutz - dach, das off - 'ne Feld kein
haste to town, haste, haste, this o - pen field, No shel - ter, this
schnell zur Stadt, schnell, schnell, das off - 'ne Feld Kein Schutz-dach, das
haste, haste, haste, this o - pen field, No shel - ter, this o - pen field, no
schnell zur Stadt, das off - 'ne Feld Kein Schutz-dach, das off - 'ne Feld kein
haste, haste to town, this o - pen field, No shel - ter, this
schnell, schnell zur Stadt, das off - 'ne Feld Kein Schutz - dach, das

17
shel - ter from the storm, the storm can yield. Haste, haste,
Schutz - dach ge - gen Sturm, ge-gen Sturm ent-hält. Schnell, schnell,
o - pen field, no shel - ter from the storm, the storm can yield. Haste, haste to
off - 'ne Feld kein Schutz - dach ge - gen Sturm, den Sturm ent - hält. Schnell, schnell zur
shel - ter from the storm, the storm can yield. Haste,
Schutz - dach ge - gen Sturm, den Sturm ent - hält. Schnell,
o - pen field, no shel - ter from the storm can yield. Haste,
off - 'ne Feld kein Schutz - dach ge - gen Sturm ent - hält. Schnell,
19
haste, haste to town, haste, haste to town, haste, haste,
schnell, schnell zur Stadt, schnell, schnell zur Stadt, schnell, schnell,
town, haste, haste, haste, haste to town, haste, haste to town, haste, haste, haste,
Stadt, schnell, schnell, schnell, schnell zur Stadt, schnell, schnell zur Stadt, schnell, schnell zur
haste, haste, haste to town, haste, haste to town, haste, haste,
schnell, schnell, schnell zur Stadt, schnell, schnell zur Stadt, schnell, schnell,
haste, haste, haste to town, haste, haste, haste,
schnell, schnell, schnell zur Stadt, schnell, schnell, schnell,

21

haste, haste, haste, haste to town.
schnell, schnell, schnell, schnell zur Stadt.

haste, haste, haste, haste, haste to town.
schnell, schnell, schnell, schnell, schnell zur Stadt.

haste, haste, haste, haste, haste, haste to town.
schnell, schnell, schnell, schnell, schnell, schnell zur Stadt.

haste, haste, haste, haste, haste, haste, haste to town.
schnell, schnell, schnell, schnell, schnell, schnell, schnell zur Stadt.

The Spirit of the Sorceress descends to Aeneas in likeness of Mercury.
Das Gespenst der Zauberinnen herabsteigt vor Aeneas in der Gestalt des Merkurys.

32

SPIRIT

Stay, Prince, and hear great Jove's com - mand. He summons thee this night a -
Halt Fürst! und hör Zeus' Wort zu Dir. Heut' Nacht noch musst Du fort von

60
[34] FIRST SAILOR
more, no, nev - er, no, nev-er in - tend - ing to vis - it them
Strand, auch wenn ihr nie wie-der - seht, wie - der-seht hier die - sen
65
CHORUS
Come a - way, fel - low sail - ors, come a -
Kommt an Bord, ihr Ma - tro - sen, kommt an
more. Come a - way, fel - low sail-ors, come a - way,
Strand. Kommt an Bord, ihr Ma - trosen, kommt an Bord,
come a - way, come a -
kommt an Bord, kommt an
Come a - way, fel - low sail - ors,
Kommt an Bord, ihr Ma - tro-sen,
Come a - way, fel - low sail - ors, come a - way,
Kommt an Bord, ihr Ma - tro - sen, kommt an Bord,
70
- way, your an - chors be weigh - ing, Time and tide will ad - mit no de -
Bord, die An - ker wir hie - ven, Zeit und Flut lässt uns län - ger nicht

75
-lay - ing. Take a booz - y short leave of your nymphs on the shore, And
blie - wen; Sagt ver - dammt kurz Leb - wohl Eu-ren Nym-phen am Land, Um -
80
si - lence their mourn - ing With vows of re - turn - ing, But nev - er in -
- fasst ih - re Mie - der, Ver - sprecht ihr kommt wie - der, Auch wenn ihr nie
85
tend - ing to vis - it them more, no, nev - er in - tend - ing to vis - it them
wie - der - seht hier die - sen Strand, auch wenn ihr nie wie - der - seht hier die-sen

The Sailors Dance

Matrosentanz

16
SORCERESS
38
CHORUS
to - night, And Car - thage flames to - mor-row. De-
heut' Nacht. Kar - tha - go flammt schon mor-gen. Ver-
[♩ = ♩]
- struc-tion's our de - light, De - light our great-est sor-row, E - lis - sa dies to -
- nicht-ungs-freud' uns lacht, Die Lust er - füllt mit Sor-gen, E - lis - sa stirbt heut'
6
Ho ho ho ho ho
- night, And Carthage flames to - morrow. Ho ho ho ho ho ho ho
Nacht, Kar - tha-go flammt schon morgen.
ho ho ho ho ho
Ho ho ho ho ho ho

11
ho— ho— ho.
ho. E - lis - sa dies to - night, And Car-thage flames to - mor - row. De -
ho— ho— ho. E - lis - sa stirbt heut' Nacht, Kar - tha - go flammt schon mor-gen. Ver -
ho— ho.
16
- struc-tion's our— de - light, De - light our great-est sor - row, E - lis - sa dies— to -
- nicht-ungs- freud' uns lacht, Die Lust er - füllt mit Sor - gen, E - lis - sa stirbt_heut'
Ho— ho_ ho_ ho ho—
21
- night, And—Carthage flames to - morrow. Ho— ho— ho— ho ho— ho ho—
Nacht, Kar - tha-go flammt schon morgen. Ho— ho— ho— ho ho—
Ho— ho— ho— ho ho— ho

Jack of the Lanthorn leads the Spaniards out of their way among the Inchantresses. A Dance.
Jack von Lanthorn (ein Nachtwächter) führt die Spanier zwischen die Hexen. Ein Tanz.

53
DIDO
fly if long-er you de- lay, a-way, a- way! But
-fängt mich hier wenn län-ger Du noch säumst, fort, fort von mir! Ich
AENEAS
Exit Aeneas
and Love o - bey, and Love o - bey.
mein Lieb, bei Dir, mein Lieb, bei Dir.
56
death, a- las, I can-not shun, Death must come when he is gone.
kann den Tod nicht mei - den: Er komm zu mir nach sei-nem Schei-den.
41
CHORUS
Great minds a- gainst them-selves con- spire, great minds, great
Hoch- sinn sich selbst oft wi- der- steht, Hoch- sinn, Hoch-
Great minds a- gainst them-selves con- spire, great minds, great
Hoch- sinn sich selbst oft wi- der- steht, Hoch- sinn, Hoch-
Great minds a- gainst them-selves con- spire, great minds, great
Hoch- sinn sich selbst oft wi- der- steht, Hoch- sinn, Hoch-
Great minds a- gainst them-selves con- spire, great minds,
Hoch- sinn sich selbst oft wi- der- steht, Hoch- sinn,
Violins

5
minds a - gainst, a - gainst them-selves con - spire, And shun the cure they most, they
- sinn sich selbst, sich selbst oft wi - der - steht, Und sieht den Weg nicht, der zum
minds a - gainst, a - gainst them-selves con - spire, And shun the
- sinn sich selbst, sich selbst oft wi - der - steht, Und sieht den
minds a - gainst, a - gainst them-selves con - spire, And shun the cure they
- sinn sich selbst, sich selbst oft wi - der - steht, Und sieht den Weg nicht,
great minds a - gainst them-selves con - spire,
Hoch - sinn sich selbst oft wi - der - steht,

9
most de - sire, and shun the cure they most de - sire, they most de - sire.
Hei - le geht, und sieht den Weg nicht, der zum Heile, der zum Hei - le geht.
cure, the cure, and shun the cure they most de - sire, the cure they most de - sire.
Weg nicht, der zum Hei - le geht, und sieht den Weg nicht, der zum Hei - le geht.
most de - sire, and shun the cure they most, they most de - sire.
Hei - le geht, und sieht den Weg nicht, der zum Hei - le geht.
And shun the cure they most de - sire, and shun the cure they most de - sire.
Und sieht den Weg des Hei - les nicht, den Weg nicht, der zum Hei - le geht.

Cupids appear in the Clouds o'er her Tomb
Nymphen erscheinen in den Wolken über ihrem Grab

(44) [♩ = 𝅗𝅥.]

CHORUS

With droop - ing wings ye Cu - pids come, with droop - - - ing wings, with
In sanft - em Flug, oh kommt her-ab, in sanft - - - em Flug, in

With droop - ing wings ye
In sanft - em Flug, oh

With droop - ing wings ye Cu - pids come, with droop - ing,
In sanft - em Flug, oh kommt her - ab, in sanft - em,

With droop - ing wings ye Cu - pids come,
In sanft - em Flug, oh kommt her - ab,

6
droop - - - ing wings, with droop - ing wings ye Cu - pids come, To
sanft - - - em Flug, in sanft - em Flug, oh kommt her - ab, Und
Cu - pids come, with droop - ing wings ye Cu - - pids come, To
kommt her - ab, in sanft - em Flug, oh kommt her - ab, Und
droop-ing wings, with drooping wings, with drooping wings, with drooping wings ye Cu - pids come,
sanft - em Flug, in sanftem Flug, in sanftem Flug, in sanftem Flug, oh kommt her - ab,
with droop - ing wings ye Cu - pids come, ye Cu - pids come,
In sanft - em Flug, oh kommt her-ab, oh kommt her - ab,
11
scat - ter ro - ses, scat - ter, scat - ter ro - ses on her tomb.
streu - et Ro - sen, streu - et, streu - et Ro - sen auf ihr Grab.
scat - ter ro - ses, scat - ter, scat - ter ro - ses on her tomb. Soft,
streu - et Ro - sen, streu - et, streu - et Ro - sen auf ihr Grab. Zart
To scat - ter, scat - ter ro - ses on her tomb.
Und streu - et, streu - et Ro - sen auf ihr Grab.
To scat - ter ro - ses, scat - ter ro - ses on her tomb.
Und streu - et Ro - sen, streu - et Ro - sen auf ihr Grab.

15
Soft, soft and gen - tle, soft,
Zart, zart ihr Her - ze zart,
soft and gen - tle as her heart, gen - tle as her heart,
zart und fein ihr Her - ze war, zart ihr Her - ze war,
Soft, soft, soft and gen - tle as her heart,
Zart, zart, zart und fein ihr Her - ze war,
Soft, soft and gen - tle, soft, soft,
Zart und fein ihr Her - ze war, zart,

19
soft, soft, soft and gen - tle as her heart, Keep here,
zart, zart, zart und fein ihr Her - ze war, Und hier
soft, soft, soft and gen - tle, gen - tle as her heart, Keep here,
zart, zart, zart und fein ihr Her - - - ze war, Und hier
soft, soft and gen - tle as her heart, Keep here,
zart, zart und fein ihr Her - ze war, Und hier
soft, soft, soft and gen - tle as her heart, Keep here,
zart, zart, zart und fein ihr Her - ze war, Und hier

Cupids' Dance

Amorettentanz

[2nd time instruments only]

FINIS